Muttersprache plus

7/8

Leseheft
Kurzgeschichten

Erarbeitet von
Sabine Mähring

Illustriert von Christiane Grauert

Cornelsen

Textquellenverzeichnis

S. 6–12 Friedrich Schiller: Der Taucher. Aus: Ders.: Sämtliche Werke, Bd. 1. Hrsg. v. Gerhard Fricke und Herbert G. Göpfert. Carl Hanser, München 1980. **S. 16** Heinz Erhardt: Der Tauchenichts. Aus: Ders. Die Gedichte. Lappan Verlag in der Carlsen Verlag GmbH, Oldenburg/Hamburg 2015, S. 207. **S. 18–20** Gustav Schwab: Der Reiter und der Bodensee. Aus: Badisches Sagenbuch. Hrsg. v. Arthur Schnezler. Karlsruhe, Creuzbauer und Kasper, 1846, S. 11–13. **S. 22** Ablauf einer Seegfrörne. Aus: https://de.wikipedia.org/wiki/SeegfrC3%B6rnen_des_Bodensees [Abruf: 11.8.2021] **S. 23–24** Friedrich Hebbel: Das Kind am Brunnen. Aus: Quelle: Deutsche Balladen, Carl Hanser Verlag, München 1985, S. 198-199. **S. 28** Adelbert von Chamisso: Das Riesenspielzeug. Nord-Süd-Verlag, Hamburg 1978. **S. 28** Gustav Schwab: Der Reiter und der Bodensee. Aus: Deutsche Balladen, Carl Hanser Verlag, München 1985. **S. 31–32** Ludwig Bechstein: Das Riesenspielzeug. Aus: Deutsches Sagenbuch. Erstausgabe 1853. Deutsche Märchen und Sagen. Hrsg. v. Hans-Jörg Uther. Berlin, Directmedia Publishing, S. 8352 f. **S. 33–35** Wilhelm Busch: Das brave Lenchen. Aus: Ders.: Werke. Historisch-kritische Gesamtausgabe, Bd. 2. Hrsg. v. Friedrich Bohne. Hamburg 1959, S. 363-370. **S. 39–41** Theodor Fontane: John Maynard. Aus: Deutsche Balladen, Carl Hanser Verlag, München 1985. **S. 44–45** Reinhard Mey: Die Ballade vom Pfeifer. © 1995 Odeon (Universal Music) **S. 47–49** Michael Ende: Die Ballade vom Seiltänzer Felix Fliegenbeil. Aus: Das große Michael-Ende-Vorlesebuch. Verlag Thienemann, Stuttgart 2015, S. 125-129. **S. 53–54** Kristina Dunker: Aus: Kohlenkönige und Emscherkinder. Das große Buch der Ruhrgebietsballaden. Hrsg. v. Werner von Weilheim, Michael Hüter. Henselowsky u. Boschmann, Bottrop 2015.

Bildquellenverzeichnis

45 stock.adobe.com/fotostudiocolor24/dusanpetkovic1 – **54** Imago Images/UIG

Redaktion: Sandra Wuttke-Baschek, Recklinghausen
Illustrationen: Christiane Grauert, Milwaukee
Umschlaggestaltung: werkstatt für gebrauchsgrafik, Garding
Umschlagillustration: Dorina Tessmann, Berlin
Layoutentwicklung: werkstatt für gebrauchsgrafik, Garding
Technische Umsetzung: Straive

www. cornelsen.de

Dieses Werk berücksichtigt die Regeln der reformierten Rechtschreibung und Zeichensetzung.

1. Auflage, 1. Druck 2022

Druck: AZ Druck und Datentechnik GmbH, Kempten

ISBN 978-3-06-063371-5

PEFC
PEFC/04-31-2260

PEFC zertifiziert
Dieses Produkt stammt aus nachhaltig bewirtschafteten Wäldern und kontrollierten Quellen.

www.pefc.de

Inhaltsverzeichnis

Kurzgeschichten sind mehr als kurze Geschichten

Kurzgeschichten binden uns als Leserin/Leser in ein Geschehen ein, das ein besonderes Ereignis im Leben der Hauptfigur(en), die man auch Protagonist/Protagonistin nennt, darstellt. Wir wissen nicht, was davor war und wir erfahren nicht, wie das Leben dieser Figur weitergehen wird. Unsere Fantasie, unsere Vorstellungskraft ist gefragt. Es wird erwartet, dass wir uns einfühlen in diese besondere Situation und in die handelnden Figuren. Oft ist es nur ein kleiner Zeitabschnitt ihres Lebens, an dem wir teilhaben. Die (Alltags-)Sprache einer Kurzgeschichte ist meist sachlich und nüchtern. Manche Kurzgeschichte berichtet von Alltäglichem und doch regt uns das Erzählte zum Nachdenken an, denn es gibt einen Wendepunkt, der uns überrascht und unsere Wahrnehmung der Figuren und Geschehnisse verändert.
Diese Merkmale kennzeichnen Kurzgeschichten. Es gibt längere und kürzere Geschichten, so wie diese:

Die Begegnung

Der Mann und seine Begleiterin sitzen in der S-Bahn. Ein Paar steigt ein, er trägt einen Cowboyhut, sie eine Lederweste mit Fransen. Nach ihnen der Kontrolleur. Der Mann gibt ihm das Touristenticket, gültig für zwei und für drei Tage. „Ihr Ticket gilt hier nicht mehr. Sie sind außerhalb der bezahlten Tarifzone. Sie müssen nachzahlen." Der Mann regt sich fürchterlich auf, spricht laut von Täuschung, von Kleingedrucktem und Touristen über den Tisch ziehen. Der Cowboy beobachtet die Szene interessiert, während seine Partnerin unablässig in breitestem Amerikanisch auf ihn einredet. „Nächste Station – BER – neuer Flughafen", tönt es aus dem Lautsprecher. Der Mann steht auf, zieht seinen Geldbeutel aus der Hosentasche, bezahlt wortlos und geht Richtung Ausgang. Seine Begleiterin folgt ihm.
Im Vorbeigehen tauscht sie ein einvernehmliches Lächeln mit dem Cowboy.

Viel Spaß beim Lesen der weiteren Kurzgeschichten!

Irene Strothman

Jenny und Sebastian (1996)

Sie begegneten sich zwanzig Minuten vor acht auf dem Flur. Jenny, wie immer im Eiltempo, knallte die Wohnungstür hinter sich zu und stürzte zum Fahrstuhl. Hektisch drückte sie auf den Knopf. Sebastian aus der Wohnung schräg gegenüber sah auch nicht ausgeschlafener aus. Er gähnte ausdauernd wie ein Nilpferd und schloss dann ganz allmählich die Wohnungstür zweimal ab. Einmal hätte gereicht, dachte Jenny, dafür hätte er sich lieber kämmen können. Jenny und Sebastian kannten sich schon länger, hatten aber bisher kaum mehr als ein paar belanglose Worte miteinander gewechselt. „Morgen", presste Sebastian mühsam heraus. Jenny murmelte etwas Unverständliches, drehte sich abrupt um und sprang die Treppen zum Ausgang hinunter. Sie hatte keine Lust, mit Sebastian eingequetscht im Fahrstuhl zu stehen – dann lieber neun Stockwerke zu Fuß!
Eine Minute nach acht überholte sie Frau Jansen, die immer pünktliche Klassenlehrerin, auf dem Schulflur, kurz vor dem Klassenraum. Sebastian saß schon seit zwei Minuten auf seinem Platz und quatschte mit Tim, seinem Nachbarn. Er konnte es nicht leiden, zu spät zu kommen, dachte Jenny und setzte sich außer Atem auf ihren Platz. „Wenn ich die Tafel aufklappe", begann Frau Jansen, „dann seht ihr die Zeichnung eines vollständigen Skeletts. Als Erstes wollen wir die Knochen benennen!" Sie klappte die Tafel auf und erstarrte. Jenny erstarrte auch und glotzte Sebastian an. Der war ebenfalls erstarrt. Das Skelett war zwar da, aber irgendein Witzbold hatte zusätzlich ein knallrotes Herz dazu gemalt. Genau an der richtigen Stelle, mit den Namen von Jenny und Sebastian. „So ein Quatsch", schrie Sebastian, der sich als Erster von der Überraschung erholte. Er stürzte wütend nach vorn und griff nach dem Schwamm. Aber er war nicht schnell genug. Vor ihm erreichte Jenny die Tafel und wischte mit ihrem linken Jackenärmel quer über das Geschmiere. Das war absolut lächerlich! Irgendjemand in der Klasse lachte laut, und dann gingen die Sprüche los: „Guck mal, unser neues Liebespaar!" Frau Jansen hatte allerhand zu tun, um die Gemüter zu beruhi-

gen. In den nächsten Tagen gingen sich Sebastian und Jenny aus dem Weg. Es war wie eine geheime Absprache. Die beiden suchten in jeder Situation den größten Abstand voneinander. Nicht nur in der Schule. Jenny ging morgens etwas früher los, um Sebastian nicht am Fahrstuhl zu begegnen, und Sebastian dafür etwas später. Und dann – es war der Mittwoch darauf – standen sie beide gleichzeitig nach der Schule vor der Fahrstuhltür ihres Wohnhauses. Er war zuerst da und hatte den Knopf schon gedrückt. Sie wendete sich sofort der Treppe zu – aber neun Stockwerke bergauf? Jenny blieb stehen. „So ein Zufall, nimmst du mich mit?", lachte sie etwas verlegen. „Aber klar", sagte Sebastian. Der Fahrstuhl fuhr sanft an. Jenny betrachtete aufmerksam ihre Fingernägel, und Sebastian kramte in den Taschen seiner neuen Fliegerjacke herum, als suchte er etwas Bestimmtes. Zwischen dem sechsten und siebten Stockwerk gab es einen Ruck. Der Fahrstuhl schaukelte noch einmal kräftig, dann war Ruhe. „Verdammter Mist", murmelte Sebastian und bearbeitete den Knopf der neunten Etage. Nichts passierte. Jenny stellte sich neben ihn und drückte mit voller Wucht auf alle Knöpfe gleichzeitig. Der Fahrstuhl rührte sich nicht. „Wir sitzen fest! Ich fasse es nicht!" Beide schwiegen beklommen und warteten, ob noch irgendetwas passierte. Es passierte nichts. „Hoffentlich dauert es nicht zu lange", sagte sie, „mein Hund müsste jetzt dringend mal raus." „Um deinen Hund habe ich dich immer beneidet. Ich hätte zu gern einen, aber meine Eltern erlauben das nicht." Es entstand wieder eine Pause. Sie betrachtete ihn verstohlen von der Seite. Das klang ja direkt menschlich. Wenn er sonst mit anderen aus der Klasse zusammen war, gab es nur blöde Sprüche. „Du kannst ja mal mitkommen oder wenn dir das peinlich ist, kannst du ihn dir ruhig ausleihen, ja?" Er sah sie überrascht an. Das hatte er

nicht erwartet. Sie schien wirklich nett zu sein. In den Schulpausen war sie ganz anders – da ließ sie an keinem Jungen ein gutes Haar. „Wie lange willst du das noch machen?“, fragte sie. „Was machen?“ „Na, mich ansehen!“ Er spürte, dass er ganz langsam rot wurde und nichts dagegen tun konnte. „Du kannst ruhig sagen, wenn es dir nicht gefällt!“ „Nein ...nein“, sagte Jenny mit einer Stimme, die sie selbst nicht kannte – und dann wurde sie ebenfalls tomatenrot. Sie drückte auf den Alarmknopf. Da ging das Licht aus und es wurde stockfinster. Bevor Jenny oder Sebastian etwas sagen konnten, fiel der Fahrstuhl wie ein Stein in die Tiefe. Vielleicht nur zwei bis drei Meter, dann hielt er mit einem erneuten, gewaltigen Ruck an. Beide stürzten auf den Boden, und Jenny schrie auf, weil sie sich beim Aufstützen die Hand verstauchte. Dann war atemlose Stille. „Hast du dir wehgetan?“ „Die linke Hand – aber es ist nicht so schlimm“, sagte Jenny tapfer. Ganz vorsichtig tastete er nach ihrer Hand und hielt sie fest. Millimeter für Millimeter zog er seine Hand zurück – möglichst unbemerkt sollte das geschehen.

„Nicht“, flüsterte sie, und er ließ die Hand, wo sie war. So saßen sie eine Ewigkeit, ohne ein Wort zu sprechen, im Dunkeln. „Wieder das Relais“, dröhnte plötzlich von oben die Stimme des Hausmeisters, dann knallte etwas, ein Schraubenschlüssel klirrte, das Licht ging an, und der Fahrstuhl surrte nach oben.

Am nächsten Morgen sahen sie sich erst in der Schule. Sebastian saß schon und beobachtete unauffällig die Klassentür, als Jenny hereinkam. Sie sah sofort zu ihm herüber, aber nur ganz kurz, dann ging sie schnell zu ihrem Platz und packte überstürzt das Mathematikbuch aus. Komisch, dachte Sebastian, wir haben doch jetzt Biologie. „Warum hast du denn deine Deutschsachen auf dem Tisch?“, hörte er Tim fragen, „wir haben doch jetzt Geschichte!“ Sebastian wurde wieder knallrot. Zum zweiten Mal in zwei Tagen – zweimal mehr als in den letzten drei Jahren. Die letzte Unterrichtsstunde – Englisch – war wie immer schrecklich einschläfernd langweilig. Sebastian überlegte die ganze Zeit, wie er es einrichten konnte, dass er und Jenny gleichzeitig den Fahrstuhl betraten. Ohne dass man sie zusammen auf der Straße sah. Rein zufällig musste das aussehen. Es klingelte zum

Schulschluss, Sebastian sprang auf. „Sebastian, stop. Please wait a moment“, hörte er die schneidende Stimme von Frau Bindemann, der Englischlehrerin. „Wir müssen uns noch kurz über deine fehlenden Hausaufgaben in dieser Woche unterhalten!“ Sie redete und redete. Sebastian bekam nur Wortfetzen mit. „In Zukunft deine Eltern unterrichten – demnächst Extraaufgaben – Hausaufgaben sind dazu da, dass …“, und sah, wie Jenny den Klassenraum verließ. Sie drehte sich nicht um, aber ging sie nicht betont langsam? Als Sebastian endlich das Schulgebäude verlassen konnte, hatte er kaum noch Hoffnung, Jenny zu erreichen. Er fing trotzdem an zu laufen – aber von Weitem sah er, dass Jenny im Haus verschwand. „Keine Chance“, dachte er enttäuscht. „Wenn ich beim Fahrstuhl bin, ist sie längst oben.“ Er ging langsam weiter, stieß die Haustür auf. Jenny kniete vor dem Fahrstuhl, inmitten der vielen Hefte und Bücher ihrer ausgekippten Schultasche. Sie ergriff ganz langsam einen durchsichtigen Schnellhefter. Dabei sah sie ihn an: wartend, etwas unsicher, und – wie ihm schien – mit einer leichten Röte im Gesicht.

1 Kreuze an, ob die folgenden Aussagen richtig oder falsch sind:

	richtig	falsch
Jenny und Sebastian gehen jeden Morgen gemeinsam zur Schule.		
An der Tafel steht ein Herz mit den Namen von Jenny und Sebastian.		
Sebastian wischt das Herz wütend weg.		
Als der Fahrstuhl zwei bis drei Meter in die Tiefe fällt, verletzt sich Jenny an der Hand.		
Sebastian wird nach Unterrichtsende von der Mathelehrerin in ein Gespräch verwickelt.		
Als Sebastian die Haustür aufstößt, steht Jenny wartend neben dem Fahrstuhl.		

2 Finde Zwischenüberschriften für die Textabschnitte.

Zeilen 1–14: ______________________________

Zeilen 15–35: ______________________________

Zeilen 35–87: ______________________________

Zeilen 88–120: ______________________________

3 Wer könnte das Herz an die Tafel gemalt haben und warum? Tauscht euch über diese Fragestellung in der Klasse aus.

4 In Zeile 36 findest du den Satz: „Es war wie eine geheime Absprache." Erläutere, was dieser Satz bedeutet.

Damit ist gemeint, dass ______________________________

____

____

5 Schreibe einen inneren Monolog (ein stummes Selbstgespräch) in dein Heft, entweder aus der Sicht von Jenny *oder* aus der Sicht von Sebastian: Der Hausmeister hat den Fahrstuhl wieder in Gang gesetzt und die beiden Jugendlichen haben sich vor ihrer Wohnungstür verabschiedet.

- Wie denken sie nach diesem Vorfall im Fahrstuhl voneinander?
- Was hatte Jenny zuvor für eine Meinung von Sebastian? (Z. 60 ff.)
- Was hatte Sebastian für eine Meinung von Jenny? (Z. 64 ff.)
- Wie malen sie sich ihr nächstes Zusammentreffen aus?

Überschrift ist der Titel der Geschichte. Du könntest so beginnen:

Also, eigentlich ist sie (er) richtig nett. Das hätte ich nicht erwartet, denn …

8 So könnte deine Lösung aussehen:

	ja	nein
außergewöhnliche Situation im Alltagsleben	x	
unvermittelter Anfang	x	
Wendepunkt	x	
offenes Ende	x	
wenige Figuren*		
kurze, lineare Handlung		x
sachliche, knappe Sprache		x

*In der Geschichte treten mehrere Figuren auf, allerdings dreht sich das Geschehen ausschließlich um die Hauptfigur Soapy.

Seite 56

1 Das sind die Lösungen für das Kurzgeschichten-Quiz:
Die Hauptfigur in einer Geschichte nennt man **Protagonist** oder **Protagonistin.**
Die Kurzgeschichte erzählt eine **außergewöhnliche** Situation im Alltagsleben.
Kennzeichnend für Kurzgeschichten sind der **unmittelbare** Beginn und das **offene** Ende.
Häufig gibt es einen **Wendepunkt,** der die Leserin / den Leser überrascht.
Die Sprache einer Kurzgeschichte ist meist **sachlich** und **knapp.**

Muttersprache plus

7/8

Leseheft
Kurzgeschichten

Lösungen

Illustration: Dorina Tessmann

Cornelsen

220009397

6 Tauscht euch zu zweit über den Text aus. Hat euch die Kurzgeschichte gefallen? Begründe anschließend, warum sie dir gefallen oder warum sie dir nicht gefallen hat.

7 Wie könnte die Geschichte weitergehen?
- Werden die beiden ein Paar?
- Werden sie einfach nur gute Freunde?
- Wird Jenny etwas tun oder sagen, was ihre Beziehung kaputt macht?
- Wird Sebastian etwas tun oder sagen, was die Beziehung negativ beeinflusst?

Bildet Schreibgruppen und überlegt euch, wie die Geschichte weitergehen könnte. Die Fortsetzung sollt ihr gemeinsam formulieren und nach der Überarbeitung den Mitschülerinnen und Mitschülern vortragen.

8 Ist die Geschichte noch eine Kurzgeschichte, nachdem ihr sie weitergeschrieben habt? Vergleicht gemeinsam die Kurzgeschichtenmerkmale mit euren Texten.

Merkmale von Kurzgeschichten – eine kurze Übersicht

☐ außergewöhnliche Situation im Alltagsleben

☐ beschränkt auf wenige Figuren

☐ unmittelbarer Beginn

☐ kurze, lineare Handlung mit einem Wendepunkt

☐ meist plötzliches und offenes Ende

☐ sachliche, knappe Sprache des Alltags

Ursula Wölfel

Seife kaufen (1973)

Eine Gruppe von Touristen ist in einem fremden Land, und keiner versteht die Sprache, die hier gesprochen wird. Schon am zweiten Reisetag gibt es Schwierigkeiten. Eine Frau hat ihre Seife vergessen. Nun war sie schon in zwei Läden, aber dort hatte man nicht verstanden, was sie wollte.

Die Reisegenossen haben der Frau gestern ein Stück von ihrer Seife angeboten. Aber sie kann sich unmöglich mit Seife waschen, die vorher ein anderer benutzt hat. Das ist ihr ekelig. Die anderen lachen darüber. Das ärgert die Frau. Sie schimpft, weil hier niemand Deutsch versteht. Warum lockt man dann Touristen ins Land? Schließlich bezahlt sie alles mit ihrem guten Geld. Die Leute sollen hier gefälligst Deutsch lernen. Wieder wird sie nur ausgelacht. Die anderen wollen sich lieber ein Wörterbuch kaufen, als sich ärgern.

Nur ein Mann gibt der Frau in allem recht. Wie kommt er dazu, auch noch Geld für ein Wörterbuch auszugeben? Und wie soll er das kaufen, wenn er nicht weiß, was „Wörterbuch" in dieser lächerlichen Sprache heißt? Außerdem hat er Urlaub, er will sich erholen und nicht eine fremde Sprache lernen.

Je mehr der Mann und die Frau sich aufregen, desto lauter lachen die anderen.

Das bringt den Mann in Wut. Schließlich behauptet er, die Leute in diesem Land seien schmutzig, weil sie das deutsche Wort „Seife" nicht verstehen. Aber wenn es hier überhaupt so etwas wie Seife gibt, wird er der Frau welche besorgen.

Das soll er tun, meinen die anderen auch. In der Nähe ist ein Laden. Alle gehen dorthin, und der Mann wird mit Gelächter durch die Tür geschoben. Die anderen bleiben draußen und beobachten durch die Schaufensterscheibe, was drinnen geschieht. Im Laden ist ein Verkäufer. Er begrüßt den Mann. Der Mann sagt nichts. Er reibt seine Hände, als wasche er sie. Der Verkäufer muss glauben, der Mann sei taubstumm. Weil er nicht weiß, was er tun soll, reibt auch er seine Hände und lächelt freundlich dazu.

Der Mann reibt sein Gesicht mit den Händen. Nun glaubt der

Verkäufer, ihn zu verstehen. Er nimmt eine Tube Hautcreme aus dem Regal, schraubt sie auf und lässt den Mann daran riechen. Der Mann schiebt die Tube ärgerlich weg. Er reibt jetzt seinen Hals und fährt mit den Fingern in die Ohren.

Der Verkäufer versteht: Hals- und Ohrenschmerzen. Schnell holt er ein Paket Watte und Gurgelwasser. Er zeigt dem Mann mit den Fingern, wie viel Tropfen Gurgelwasser er nehmen soll, gurgelt ihm etwas vor, dreht schnell ein Wattepfröpfchen und stopft es dem Mann ins Ohr. Wütend reißt der Mann die Watte wieder heraus. Er zieht seine Jacke aus und rubbelt sie. Der Verkäufer holt Fleckenwasser, nimmt dem Mann die Jacke aus der Hand und sucht nach dem Flecken, der entfernt werden soll. Inzwischen hat der Mann auch sein Hemd ausgezogen. Er reibt sich die nackte Brust. Schon rennt der Verkäufer und bringt ein Unterhemd. Der Mann reißt ihm das Hemd aus der Hand und schleudert es auf den Ladentisch. Nun hebt er beide Arme über den Kopf, prustet und schnaubt und spielt dem Verkäufer „duschen" vor. Die anderen draußen biegen sich vor Lachen.

Der Verkäufer greift sich an den Kopf. Er hat es wohl mit einem Verrückten zu tun. Er rennt aus dem Laden. Kaum ist der Mann allein, springt er hinter den Ladentisch und wühlt in Fächern und Schubladen. Er findet Seife, wirft einen Geldschein auf den Tisch, rafft seine Kleider zusammen und rennt zur Tür.

Da kommt der Verkäufer mit einer Frau zurück in den Laden. Der Mann schreit: „Seife!", zeigt das Seifenstück, deutet auf den Geldschein und läuft hinaus. Draußen wirft er der Frau die Seife zu und rennt weg, immer noch halbnackt.

Lachend laufen die anderen Touristen hinterher, und hinter denen her laufen der Verkäufer und die Frau aus dem Laden. Sie wollen dem Mann Geld zurückgeben. Er hat die Seife viel zu teuer bezahlt.

Das rufen sie den Touristen nach – auf Deutsch!

1 Erzählt einander diese Geschichte. Findest du sie komisch? Begründe kurz deine Meinung.

2 Nenne die Figuren, die in der Kurzgeschichte auftreten. Vervollständige die Sätze.

Es gibt eine Gruppe von Touristen, zu denen gehören

Außerdem gibt es

3 Wie heißt der Protagonist der Kurzgeschichte und in welchem Land macht er Urlaub?

4 Der Mann möchte seiner Mitreisenden helfen, vielleicht, weil sie einer Meinung sind im Hinblick auf das Thema Fremdsprachen im Urlaub.

Erläutere die Haltung der beiden in eigenen Worten.

Die Frau und der Mann meinen, dass

5 Beschreibe, wie sich die anderen Touristen verhalten, als der Mann versucht, Seife zu kaufen.

Die Mitreisenden ______________________________

____

____

6 Der Verkäufer rennt zu seiner Wohnung, um seine Frau zur Hilfe zu rufen. So kann man vermuten. Schreibe in dein Heft, was er ihr über die Vorkommnisse im Laden erzählt.

So kannst du beginnen: Du wirst nicht glauben, was …

7 Der Mann hat sich zum Gespött gemacht, er hat sich blamiert. Wahrscheinlich wird er während des ganzen Urlaubs von den Mitreisenden ausgelacht werden. Hast du Mitleid mit ihm? Wähle aus und begründe deine Meinung.

Ja, ich habe Mitleid mit ihm, / Nein, ich habe kein ______________________________

Mitleid mit ihm, weil ______________________________

____

____

8 Diese Kurzgeschichte lässt sich sehr gut nachspielen. Beginnt an der Stelle, als der Mann den Laden betritt. Das benötigt ihr:

- Sechs oder mehr Mitspielerinnen/Mitspieler für die Rollen des Mannes, der Frau, des Verkäufers, der Frau des Verkäufers und mindestens zwei Touristinnen/Touristen.
- Die Touristinnen/Touristen könnten Sonnenbrillen und Hüte tragen.
- Als Gegenstände braucht ihr einen Tisch, eine Cremetube, Watte, zwei Fläschchen, ein Unterhemd, Seife und Geld.

Erich Junge

Der Sieger (1958)

Wir mochten ihn nicht, diesen Kraftprotz, der, wenn er einmal den Mund aufmachte, was höchst selten geschah, von nichts anderem sprach, als von seinen Kräften, vom Expander ziehen, Gewichtheben, Ringen und Boxen.

Diese Niederlage hatte er verdient, und es gab wohl keinen unter uns, der sie ihm nicht von Herzen gönnte.

Es herrschte eine Art Spannung, die jeder spürte und die doch jeder zu ignorieren versuchte und von der man nicht wusste, wie sie sich lösen würde; aber es war klar, dass dies hier nur der Anfang war, dazu kannten wir ihn zu genau. Wir hatten vor allem etwas Angst um Bert, der so unbeschwert glücklich war, weil er den Fünfkampf gewonnen hatte und an nichts anderes mehr denken konnte.

Erst als Dr. Brenner vom unteren Ende des Platzes heraufkam (er hatte sich von dem letzten, entscheidenden Wurf Berts persönlich überzeugt), wirkten alle ein bisschen gelöster.

„Großartig“, sagte er, „Riedel, das haben Sie großartig gemacht“, und er schüttelte Bert die Hand.

Und dann gingen wir alle hin und schüttelten ihm die Hand, klopften ihm auf die Schulter und sagten „prima“ oder „fabelhaft hast du das hingekriegt, alter Junge“, wie man das so sagt mit siebzehn, achtzehn.

„Dannwitz“, sagte Dr. Brenner, „gehen Sie hin und gratulieren Sie ihm!“

Dannwitz blieb stehen und rührte sich nicht, den kräftigen, muskulösen Oberkörper nach vorn geneigt, mit unruhig hin und her pendelnden Armen stand er da und rührte sich nicht, tat keinen Schritt, und als Bert von sich aus auf ihn zuging, drehte er sich um, zeigte sein breites Kreuz und zog sich umständlich die Trainingsjacke über den Kopf.

Vielleicht hatte der Lehrer es nicht bemerkt; er tat jedenfalls so, zog den Notizblock hervor und rechnete die Punkte noch einmal zusammen. Außerdem hatte er es eilig, er musste die

Siegerurkunden ausschreiben, denn heute Abend war Schulfest und da sollten sie verteilt werden.
Wir hatten geduscht und fühlten uns wunderbar erfrischt und dachten im Augenblick an nichts anderes mehr als an den kommenden Abend. Wir gingen über den sonnenbeschienenen Platz, hatten die Trainingsblusen über dem Arm und Bert ging in der Mitte, zwischen Bruno und mir.
„Wie hast du das nur gemacht?", fragte Bruno.
„Es war Technik", sagte Bert, „ich habe viel geübt und vor allem habe ich mir genau angesehen, wie es die Diskus- und Speerwerfer machen. Jeder von euch kann das ebenso gut."
„Na, na", sagte Bruno, „und Dannwitz, hast du den gesehen?"
„Er ist viel stärker als ich", sagte Bert, „aber er macht es eben nur mit der rohen Kraft, wenn der noch die richtige Technik beherrschte, wäre er nicht zu schlagen."
Die Straßen waren kühl und mittagsleer, aber wir gingen am Rande der Stadt entlang zum Fluss hinunter, den Weg, der von Büschen und einem hüfthohen Zaun umsäumt war und über den Ameisen und blitzende kleine Käfer liefen.
Wir hatten es gar nicht bemerkt, dass er uns gefolgt war, denn wir sprachen über den Abend und über das Fest und über das Mädchen, das jeder von uns eingeladen hatte.
Mit einem Mal war er plötzlich da. Sein Schatten lag breit und gefährlich vor unseren Füßen. Wir standen wie auf Kommando still. Sein Atem ging keuchend und wir froren, als wir ihm ins Gesicht sahen.
Der Weg lief hier in eine Wiese hinein, durch die ein kleines Gewässer plätschernd zum Fluss hinunterglitt. Eine Ziege lag in der Wiese, starr wie ein weißer Fleck.

Bert hatte gerade gesagt: „Sie hat mir versprochen, dass sie kommt."

Dannwitz' Adamsapfel ging auf und nieder; sein Gesicht war schweißnass und die Haare hingen ihm wie Fransen in die Stirn.

„Ihr seid doch drei", sagte er kaum hörbar, „kommt, ihr seid doch drei ..."

Niemand antwortete.

Nach einer Weile sagte Bert: „Geht man, geht nach Hause, ich will nicht, dass ihr da hineingezogen werdet."

Er schob uns zur Seite und stellte sich mit hängenden Armen hin.

„Nun fang an", sagte er flüsternd. „Ich wehre mich nicht einmal, ich weiß, dass es keinen Zweck hat, mich zu wehren, also, fang an ..."

Die Glocken der Michaeliskirche läuteten plötzlich über den Mittag hin. Die Ziege erhob sich träge und kam langsam an den Weg heran.

Dannwitz stand da, mit geballten Fäusten und einem flackernden Licht in den Augen, das aber langsam erlosch. Sein Unterkiefer fiel herab, was seinem Gesicht einen merkwürdig hilflosen Ausdruck verlieh, seine breiten Schultern sackten zusammen, die Fäuste lösten sich und wahrhaftig, er weinte.

Wir sahen es fassungslos.

Und dann, so plötzlich wie er gekommen war, drehte er sich auf dem Absatz herum und trabte davon mit schwankenden Schritten, wie ein großer, verwundeter Bär.

„Er hat geweint", sagte ich zu Hause bei Tisch. „Nie hätten wir so etwas für möglich gehalten."

„Seit wann ist er bei euch?", fragte mein Vater.

„Ich glaube, seit anderthalb Jahren, aber wir mochten ihn nicht, von Anfang an mochten wir ihn nicht, ganz besonders nicht, als er anfing, seine Kräfte auszuspielen."

„Womit hätte er euch sonst imponieren sollen?"

„Imponieren?"

„Na ja, was sonst", sagte mein Vater. „Ihr seid doch eine Clique, nicht wahr? Ihr kennt euch seit zehn und mehr Jahren: Er kam dazu, ein Fremder, der neu war, ist es nicht so?" Ich schwieg.

Es war Abend, und der Abend war mild und weich. Sie hatten bunte Lampions aufgehängt, die Musiker waren schon da, und ich freute mich auf jeden und auf alles. Und da sah ich ihn stehen, er stand unter den Buchen, nicht vom Licht des Festplatzes getroffen, er stand da, wesenlos, wie ein Schatten, und ich erkannte nur die Konturen seines Gesichtes. Ich ging schweigend an ihm vorbei, aber mein Herz schlug mir im Halse. Hatte ich etwa Angst? Nein, Angst war es nicht, was mir die Kehle schnürte.

Bert rief mich an. „Die Mädchen sind da", sagte er. Die anderen kamen hinzu, der Kreis war geschlossen. Ich blickte verstohlen zu den dunklen Buchen hin.

Ich ging fort und setzte mich an einen Tisch, über dem ein roter Mond baumelte. Ich stieß den Mond mit dem Finger an und er schaukelte hin und her.

„Was ist?", fragte Bert, und er setzte sich neben mich.

Ich zuckte mit den Schultern. – „Er steht da", sagte ich nach einer Weile und wies mit dem Kopf in die Richtung der Buchen. „Du kannst seinen Schatten sehen, mehr nicht, er steht da, als ob er nicht zu uns gehörte."

Wir schwiegen beide. Der Mond über uns schwang hin und her.

„Ich würde es versuchen", sagte ich dann, „aber ich kann es nicht, deinetwegen."

„Was willst du, dass ich tun soll?"

„Hör zu, Bert, wir haben ihm niemals eine Chance gegeben, niemals, ich glaube, das ist es!"

„Gut", sagte Bert und stand auf.

„Falls du es vergessen haben solltest!", rief ich ihm nach, „er heißt Werner!"

Ich weiß nicht, was sie miteinander gesprochen haben, ich will es auch nicht wissen. Aber sie kamen zusammen zwischen den Bäumen hervor, lässig gingen sie nebeneinander, als sei es schon immer so gewesen, und ich dachte, wer von ihnen hat nun eigentlich heute gewonnen.
Der Mond über mir stand still. Ich gab ihm noch einen kräftigen Schubs. Als wir zu dritt den Festplatz erreichten, begann die Musik zu spielen.

1 In dieser Kurzgeschichte geht es um drei Jungen, die schon sehr lange befreundet sind, und um einen Mitschüler, der vor etwa anderthalb Jahren neu in die Klasse kam. Den Namen des Ich-Erzählers erfahren wir nicht.

a Nenne die Namen der beiden Freunde des Ich-Erzählers.

b Nenne den Namen des Mitschülers und erläutere, wie die Jungen ihn wahrnehmen.

2 Die Geschichte besteht aus vier Abschnitten. Fasse den Inhalt der einzelnen Abschnitte zusammen. Ergänze mit je zwei Sätzen.

Im 1. Abschnitt (Z. 1–35) geht es um die Feststellung des Siegers

Im 2. Abschnitt (Z. 36–87) gehen die drei Freunde

nach Hause und

Im 3. Abschnitt (Z. 88–98) spricht der Ich-Erzähler

Im 4. Abschnitt (Z. 99–134), am Abend nach dem

Wettkampf,

3 Im zweiten Abschnitt kommt es beinahe zu einer Schlägerei.

a Erläutere, wie es Bert gelingt, den Schlägen zu entgehen.

Bert

b Der starke Dannwitz kann mit der Situation nicht umgehen und zeigt unerwartete Schwäche. Erkläre, wie es dazu kommt.

Dannwitz

4 Der Ich-Erzähler berichtet seinem Vater beim Mittagessen, was am Vormittag geschehen ist. Er ist fassungslos, dass Dannwitz geweint hat.

Schreibe zu der Überschrift „Der Wettkampf und seine Folgen" in dein Heft, was der Ich-Erzähler seinem Vater berichtet.

5 Der dritte Abschnitt hat eine besondere Bedeutung in der Kurzgeschichte. Erst im Gespräch mit seinem Vater wird dem Ich-Erzähler bewusst gemacht, warum Dannwitz immer von seinen Kräften und seinen sportlichen Übungen spricht. Formuliere die mögliche Erklärung des Vaters für Dannwitz' Verhalten in eigenen Worten.

Der Vater vermutet, ______________________________

____

____

____

6 Am Abend steht Dannwitz am Rande des Festplatzes im Schatten der Bäume. Der Ich-Erzähler hat nach dem Gespräch mit dem Vater ein schlechtes Gewissen und spricht mit Bert.

Schreibe die Geschichte in deinem Heft weiter.

7 Die Kurzgeschichte ist bereits 1956 erschienen. Dies kann man an der Sprache erkennen. Markiere eine Textstelle, an der dies deutlich wird, und begründe deine Wahl in deinem Heft.

8 Wer ist nun eigentlich der Sieger in der Kurzgeschichte? Diskutiert diese Fragestellung in der Klasse.

9 Was würde sich der Autor der Kurzgeschichte, Erich Junge, wohl von den Lesern im Hinblick auf den Umgang mit anderen wünschen? Sprecht auch darüber.

1 Lies diese Geschichte einer Mitschülerin oder einem Mitschüler vor.

Selim Özdogan

Zuerst den Linken (2003)

Es war ein gewohntes Geräusch, aber es ging mir auf die Nerven, vor allem nachts. Es hatte lange gedauert, bis ich herausgefunden habe, was die Ursache der Geräusche war, immer zwei, kurz nacheinander, manchmal dumpf, manchmal polternd, aber immer zwei und immer kurz nachdem sie nach Hause gekommen war, egal um welche Zeit.

Sie wohnte über mir, ich hatte einige Male versucht, zwei Meter fünfzig unter ihr den gleichen Weg durch meine Wohnung zu machen, um dahinterzukommen, was sie dort oben veranstaltete. Zuerst hörte man, wie sie die Tür aufschloss, dann das Klackern ihrer Absätze im Flur, das schnurstracks in die Küche führte, dort ein leises Knarren wie von einem alten Holzstuhl und schließlich die zwei polternden Geräusche wieder im Flur.

Sie schmiss ihre Schuhe von der Küche aus in den Flur. Tagsüber fiel es mir nicht immer auf, aber am späten Abend oder nachts rissen die Geräusche mich aus dem Schlaf. Wenn ich abends einschlief und sie war noch nicht zu Hause, wusste ich schon, dass sie mich wecken würde. Es nervte. Also sprach ich sie im Treppenhaus darauf an.

– Entschuldige, kann es sein, dass du deine Schuhe immer von der Küche aus in den Flur wirfst?

– Ja. Wie …?

– Nun. Man hört das unten, und nachts wache ich auf davon. Ich weiß, das mag jetzt kleinlich wirken, aber ich wache halt immer auf, wenn du vielleicht …

Es schien ihr unangenehm zu sein.

– Natürlich, kein Problem. Wenn ich das gewusst hätte … Und die Musik?

– Musik stört mich nicht.

Sie schien mich nicht spießig oder kleinkariert zu finden, sie hatte mich nicht angesehen, als hätte ich ihr eröffnet, in Wirklichkeit wäre ich die Prinzessin auf der Erbse, ich glaubte, sie hätte mich verstanden.

Noch in derselben Nacht wurde ich geweckt. Ich war entspannt eingeschlafen in dem Bewusstsein, dass ich durchschlafen würde, obwohl sie noch nicht zu Hause war. Ich wurde wach von dem Geräusch ihres Schuhs. Eines Schuhs. Ich wartete. Nichts geschah. Hatte ich den ersten etwa verschlafen? Das war noch nie passiert. Ich wartete, dass sie den zweiten Stiefel – das Geräusch war so laut gewesen, es mussten Stiefel sein – ich wartete, dass sie den zweiten Stiefel auch in den Flur schleuderte. Was sie nicht tat. Vielleicht war sie völlig erledigt, kaum fähig, sich zu bewegen. Aber was ging mich das an. Ich hatte sie gebeten, nicht mehr diesen Lärm zu veranstalten, doch sie konnte wohl nicht anders. Ich wartete auf das zweite Poltern, damit ich weiterschlafen konnte. Zwei, drei, vier Minuten der Stille. Jetzt schmeiß schon, dachte ich, jetzt mach, damit ich schlafen kann, dumme Kuh, erst sagen, kein Problem, und sich dann einen Dreck scheren um das eigene Geschwätz von heute Mittag, schmeiß.

Es blieb still. Es blieb still, und ich blieb wach. Ich blieb noch eine Viertelstunde wach, in der ich auf das zweite Poltern wartete, eine Viertelstunde, in der ich mich so über diese Frau aufregte, dass ich weitere zwei Stunden brauchte, um mich zu beruhigen und einzuschlafen. Hätte sie doch gleich sagen sollen, dass ich mich anstellte, anstatt so zu tun, als würde sie meiner Bitte nachgeben.

– Bist du gestern Nacht aufgewacht?, fragte sie mich am nächsten Tag im Treppenhaus. Ich hatte leider den linken Schuh so aus Gewohnheit schon in den Flur geschleudert, und erst dann fiel mir wieder ein, dass dich das stört, und so habe ich den rechten dann ganz leise danebengelegt.

2 Die Zuhörerin oder der Zuhörer soll die Geschichte nun nacherzählen. Gib Rückmeldung, ob alle wichtigen Aspekte wiedergegeben wurden.

3 Handelt es sich hier um die Kommunikation zwischen zwei Frauen, die in demselben Haus wohnen, oder ist der Ich-Erzähler ein Mann? Belege deine Einschätzung mit einem Zitat aus dem Text.

Die Hauptfigur ist ______________________

Das erkennt man an der Textstelle in Zeile ______________________

4 Beschreibe die beiden Hausbewohner. Was erfahren wir über sie? Ergänze die Satzanfänge.

Die Person in der unteren Wohnung ______________________

____

____

____

____

Die Person, die darüber wohnt, ______________________

____

____

____

5 Kann man der Person in der oberen Wohnung Rücksichtslosigkeit vorwerfen? Begründe deine Einschätzung.

____

____

____

____

6 Die unten wohnende Person kann vor Ärger zwei Stunden nicht einschlafen (Zeile 41–44). Beschreibe in eigenen Worten, worüber sie sich aufregt.

____

____

____

____

7 In dieser Kurzgeschichte wird Alltagssprache verwendet. Finde zwei weitere Beispiele dafür.

Zeile 14: „Sie schmiss ihre Schuhe"

____

____

8 Wie werden sich die beiden wohl in Zukunft begegnen? Hat das Gespräch über die Ruhestörung dazu geführt, dass sie sich nähergekommen sind? Sprich mit einer Mitschülerin, einem Mitschüler darüber.

Peter Bichsel

Die Tochter (1964)

Abends warteten sie auf Monika. Sie arbeitete in der Stadt, die Bahnverbindungen sind schlecht. Sie, er und seine Frau, saßen am Tisch und warteten auf Monika. Seit sie in der Stadt arbeitete, aßen sie erst um halb acht. Früher hatten sie eine Stunde eher gegessen. Jetzt warteten sie täglich eine Stunde am gedeckten Tisch, an ihren Plätzen, der Vater oben, die Mutter auf dem Stuhl neben der Küchentür, sie warteten vor dem leeren Platz Monikas. Einige Zeit später dann auch vor dem dampfenden Kaffee, vor der Butter, dem Brot, der Marmelade.
Sie war größer gewachsen als sie, sie war auch blonder und hatte die Haut, die feine Haut der Tante Maria. „Sie war immer ein liebes Kind“, sagte die Mutter, während sie warteten.
In ihrem Zimmer hatte sie einen Plattenspieler und sie brachte oft Platten mit aus der Stadt und sie wusste, wer darauf sang. Sie hatte auch einen Spiegel und verschiedene Fläschchen und Döschen, einen Hocker aus marokkanischem Leder, eine Schachtel Zigaretten. Der Vater holte sich seine Lohntüte auch bei einem Bürofräulein. Er sah dann die vielen Stempel auf einem Gestell, bestaunte das sanfte Geräusch der Rechenmaschine, die blondierten Haare des Fräuleins, sie sagte freundlich „Bitte schön“, wenn er sich bedankte. Über Mittag blieb Monika in der Stadt, sie aß eine Kleinigkeit, wie sie sagte, in einem Tearoom[1]. Sie war dann ein Fräulein, das in Tearooms lächelnd Zigaretten raucht.
Oft fragten sie, was sie alles getan habe in der Stadt, im Büro. Sie wusste aber nichts zu sagen. Dann versuchten sie wenigstens sich genau vorzustellen, wie sie beiläufig in der Bahn ihr rotes Etui mit dem Abonnement[2] aufschlägt und vorweist, wie sie den Bahnsteig entlanggeht, wie sie sich auf dem Weg ins Büro angeregt mit Freundinnen unterhält, wie sie den Gruß eines Herrn lächelnd erwidert.

[1] Ein Tearoom ist ein Teehaus; dort werden viele verschiedene Teesorten angeboten, aber auch andere Getränke sowie Gebäck.
[2] Das Abonnement ist hier die Dauerfahrkarte für die Bahn.

Und dann stellten sie sich mehrmals vor in dieser Stunde, wie sie heimkommt, die Tasche und ein Modejournal unter dem Arm, ihr Parfüm; stellten sich vor, wie sie sich an ihren Platz setzt, wie sie dann zusammen essen würden.
Bald wird sie sich in der Stadt ein Zimmer nehmen, das wussten sie, und dass sie dann wieder um halb sieben essen würden, dass der Vater nach der Arbeit wieder seine Zeitung lesen würde, dass es dann kein Zimmer mehr mit Plattenspieler gäbe, keine Stunde des Wartens mehr. Auf dem Schrank stand eine Vase aus blauem schwedischen Glas, eine Vase aus der Stadt, ein Geschenkvorschlag aus dem Modejournal. „Sie ist wie deine Schwester", sagte die Frau, „sie hat das alles von deiner Schwester. Erinnerst du dich, wie schön deine Schwester singen konnte?"
„Andere Mädchen rauchen auch", sagte die Mutter.
„Ja", sagte er, „das habe ich auch gesagt."
„Ihre Freundin hat kürzlich geheiratet", sagte die Mutter.
Sie wird auch heiraten, dachte er, sie wird in der Stadt wohnen.
Kürzlich hatte er Monika gebeten: „Sag mal was auf Französisch." Sie wusste aber nichts zu sagen.
Stenografieren kann sie auch, dachte er jetzt. „Für uns wäre das zu schwer", sagten sie oft zueinander.
Dann stellte die Mutter den Kaffee auf den Tisch. „Ich habe den Zug gehört", sagte sie.

1 Nenne den Schauplatz der Kurzgeschichte, die handelnden oder sprechenden Figuren und die Zeitdauer, an der wir teilhaben.

Die Geschichte spielt ______________________________

____

____

2 Nenne die eigentliche Hauptfigur, von der wir am meisten erfahren.

Die Hauptfigur ist ______________________________

3 Ein möglicher Untertitel der Geschichte wäre: Warten auf Monika. Fasse das Geschehen in deinem Heft kurz zusammen.

4 Nenne den Erzähler oder die Erzählerin der Geschichte.

Die Kurzgeschichte wird von ______________________________

5 Was erfahren wir über Monika? Ergänze die Tabelle.

Aussehen	
Arbeitsplatz	
Berufliche Fähigkeiten	
Interessen	
Sonstiges	

6 In Zeile 24 und in Zeile 49 steht jeweils derselbe Satz: „Sie wusste aber nichts zu sagen." Daraus können wir als Leserin/Leser schließen, dass Monika den Eltern nichts über ihr Leben in der Stadt und ihre Tätigkeiten dort erzählen möchte.
Formuliere deine Vermutung, weshalb sie nichts erzählt.

Vermutlich ______________________________

____

____

7 Aus einigen Angaben kann man schließen, dass die Geschichte in den 1960er-Jahren spielt. Die Eltern sind noch nicht in der modernen Zeit angekommen, sie scheinen einfache Landbewohner zu sein.

Stell dir vor, dass die Tochter sich mit ihrer Freundin zum Mittagessen trifft und ihr das Verhältnis zu den Eltern schildert. Schreibe in dein Heft, was die Tochter der Freundin über ihr Verhältnis zu den Eltern erzählt. Als Überschrift kannst du den Titel der Kurzgeschichte nehmen.

8 Vater und Mutter stellen sich vor, wie ihre Tochter Bahn fährt, ins Büro geht und in einem Tearoom zu Mittag isst. Beschreibe ihre Vorstellungen in deinem Heft.

9 Beide wissen, dass die Tochter, die innerlich schon weit von ihnen entfernt ist, bald das Elternhaus verlassen wird. Sie wird sich ein Zimmer in der Stadt suchen und möglicherweise heiraten.
Zeige auf, was sich nach dem Auszug der Tochter im Leben der Eltern sichtbar ändern wird.

Sie werden ______________________________

____

____

Reinhold Ziegler

Der Mann auf dem Berg (1997)

Auf einem sehr hohen Berg stand eine kleine Hütte. In diese Hütte zog ein Mann, der von Lärm und Stadt und Autos und Menschen die Nase voll hatte und nur noch allein sein wollte. Er setzte sich im Yogasitz vor die Hütte, schaute nach Osten, wo gerade die Sonne aufging, und dachte an nichts.

Er hatte noch keine siebeneinhalb Minuten dort gesessen, als ein fremder Mensch in pink-gelb gestreiftem Bergsteigeranzug sich neben ihn setzte. „He, du mit deinen verbrezelten Beinen, was machst du hier oben?", fragte er.

„Ich blicke nach Osten", antwortete der Mann.

„Ah! Und sonst? Wovon lebst du?"

„Von Luft und Sonne!", sagte der Mann auf dem Berg, weil er hoffte, der andere würde nun endlich aufhören zu fragen.

„Super! Wahnsinn!", rief der andere aber, zog sein Handy aus der Jacke und rief seine Kumpels an. „He Leute, das müsst ihr sehen. Hier oben hockt einer mit Brezelbeinen, schaut nach Osten und lebt von nix!", schrie er in den Hörer.

Kurz darauf kamen ein Dutzend Männer und Frauen in knallbunt gestreiften Bergmonturen hochgeklettert. Sie stellten sich um den Mann auf dem Berg und fragten ihm ein, zwei Löcher in den Bauch.

Der Mann antwortete nichts, nur nach einer Weile, als es ihm zu viel wurde, sagte er leise: „Psst!"

„Psst", riefen sich jetzt die Leute zu, „seid doch mal ruhig, der baucht doch seine Ruhe!"

Sie setzten sich im Kreis um den Mann auf dem Berg, versuchten ihre Beine zu verbrezeln und schwiegen ein paar Minuten in die Sonne. Dann fing einer an, in seinem Rucksack nach etwas zu suchen. „Luft und Sonne, echt Wahnsinn, ich pack das nicht", sagte er, holte eine Flasche Bier und zwei Fischbrötchen raus und fing an zu essen. Weil es immer Hunger macht, wenn einer anfängt, wühlten sie jetzt alle in ihren Rucksäcken herum, bis zwischen ihnen und rund um den Mann auf dem Berg eine Flasche Bier, zwei Fischbrötchen, sieben Müsliriegel, vier Dosen Energydrink, eine Tafel Nougatschokolade, ein kaltes Kotelett, zwei McDonalds Bigmac, ein Sixpack Cola light, fünf halbe Hähnchen, eine Flasche Berggeist, sieben zuckerfreie Kaubonbons und dreizehn hart gekochte Eier lagen.

„Greif doch zu!", sagten sie zu dem Mann.

„Das ist es nicht, was ich brauche", sagte der Mann auf dem Berg langsam und verzweifelt.

„Das ist es nicht, was er braucht!", wiederholten einige der Außenrumsitzer ehrfurchtsvoll, und einer war so beeindruckt, dass er sich den Satz in sein Bergtagebuch schrieb.

Am Nachmittag wurden die Bergsteiger vom nach Osten Schauen müde. „Also servus, war echt spitze!", riefen sie und verschwanden.

Der Mann auf dem Berg atmete tief durch, nahm einen Schluck Wasser, räumte die leeren Dosen und Eierschalen weg und setzte sich dann mit verbrezelten Beinen in Richtung Westen, wo eigentlich die Sonne untergehen sollte.

Stattdessen tauchte dort nach einer Weile ein Hubschrauber mit der Aufschrift *TV-News* auf. Er landete knapp neben der Hütte auf dem Berggipfel, und als sich der Staub gelegt hatte, konnte der Mann auf dem Berg sehen, dass aus dem Hubschrauber ein Kameramann, ein Tonmann und ein Mikrofonmann herauskletterten. Der Pilot blieb im Hubschrauber sitzen und rauchte eine Marlboro nach der anderen, denn sein Job war das Fliegen und nicht das Fragen. Die anderen aber gingen zu dem Mann rüber und erzählten eine Stunde lang, wer sie seien und was sie schon alles in ihrem tollen Leben gemacht hätten. Dann fragten sie ihn kurz, wer er sei, ob er tatsächlich von Luft und Sonne lebe, wie man am besten den Yogasitz erlernen könne, von welchen Vögeln diese Eierschalen stammten, ob man den inneren Frieden nur auf Berggipfeln fände, ob er zu ihrer nächsten Talkshow käme, wie er es mit den Frauen halte und bei welcher Bank er sein Konto habe, damit sie ihm das Honorar überweisen können.

Der Mann auf dem Berg wartete, bis sie alles gefragt und sich selber die richtigen Antworten gegeben hatten, dann schaute er dem Hubschrauber nach, wie er nach Westen in der Sonne verschwand. Er räumte die leeren Zigarettenschachteln beiseite und legte sich schlafen.

Am nächsten Morgen wurde er von lautem Hämmern geweckt. Ein Stück unterhalb hatten Männer begonnen, eine zweite Hütte zu bauen. Sie nagelten gerade ein Schild *Zum Mann auf dem Berg* über die Tür, verkauften Videos, Fotos und Kassetten von ihm, gaben Kurse in Beine verbrezeln und ermahnten jeden der täglich tausend Besucher, ruhig zu sein, um den Mann auf dem Berg nicht zu stören.

Der aber hatte genug. Er packte seine Siebensachen zusammen, stieg ab ins Tal und suchte sich in der Stadt eine Wohnung. Er kaufte sich einen Farbfernseher, einen Ledersessel, einen Kühlschrank, einen Computer, einen Gameboy, ein Faxgerät und ein Telefon.

Der Fernseher lief den ganzen Tag, doch das Telefon klingelte nie. Kein Mensch kam ihn besuchen, wollte mit ihm reden oder etwas von ihm wissen. Er setzte sich mit verbrezelten Beinen auf seinen Ledersessel und war so allein, dass er fast verrückt wurde.

1 Fasse die Geschichte zusammen, indem du die folgenden Sätze vervollständigst.

a Der Mann hatte die Nase voll von den Menschen und von Lärm und Stadt und Autos und zog deshalb …

____

____

b Er setzte sich zum Meditieren vor die Hütte, doch ein fremder Mensch …

____

____

c Der Fremde rief seine Freunde an und kurz darauf kamen …

____

d Am Nachmittag verschwanden alle ungebetenen Besucher, sie ließen aber …

____

____

e Danach landete ein Hubschrauber und …

____

____

f Als am nächsten Tag geschäftstüchtige Leute eine Hütte unterhalb von seiner bauten, packte der Mann …

____

____

2 Erläutere, warum die Menschen, die den Mann auf dem Berg besuchen, ihn als Sensation betrachten.

Die Leute ______________________________

____

____

____

3 In der Geschichte kommt viel wörtliche und umgangssprachliche Rede vor. Der Mann selbst äußert sich nur viermal. Unterstreiche seine Äußerungen und notiere sie hier.

Zeile: ______________________________

Zeile: ______________________________

Zeile: ______________________________

Zeile: ______________________________

4 Die Autorinnen und Autoren verwenden sprachliche Mittel, um die Wirkung ihrer Texte zu verstärken.

a Eine Metapher ist ein sprachliches Bild, bei dem ein Wort / ein Ausdruck eine neue, übertragene Bedeutung erhält, um das Erzählte anschaulicher zu machen.

Nenne die Metapher für die Yogahaltung, die in der Kurzgeschichte mehrfach verwendet wird.

Die Sitzhaltung wird umschrieben mit ______________________________

____

____

b Auch die Ironie wird häufig als Stilmittel verwendet: Das Gegenteil von dem, was man meint, wird behauptet und damit wird eine Person oder eine Situation ins Lächerliche gezogen.

Ironie erkennst du zum Beispiel in der Aufzählung all der Lebensmittel, die die Bewunderer des Mannes auspacken, der behauptet, nur von Luft und Sonne zu leben.

Belege anhand einer weiteren Textstelle, dass der Autor Ironie einsetzt. Markiere eine passende Textstelle und erläutere die Ironie in diesem Zusammenhang.

Zeile: ______________________________

Erläuterung: ______________________________

____

____

____

5 Die Menschen bewundern den Mann auf dem Berg, obwohl er doch nichts anderes tut, als dazusitzen und nichts zu denken. Tausche dich mit einer Mitschülerin oder einem Mitschüler darüber aus, was für die Menschen der Reiz seiner Lebensweise sein könnte.

6 Es ist schwierig, den Mann zu charakterisieren, zu beschreiben, was seine Persönlichkeit ausmacht.

Nenne drei Adjektive, die sein Wesen beschreiben könnten, und belege sie mit Textbeispielen.

Er ist ______________________________

Das zeigt sich ______________________________

____

Er ist ____________________

Das zeigt sich ____________________

____

Er ist ____________________

Das zeigt sich ____________________

____

7 Der Wendepunkt kann in einer Kurzgeschichte in der Mitte liegen, oft findet er sich erst gegen Ende des Textes. Benenne den Wendepunkt in dieser Kurzgeschichte und erläutere ihn.

Der Wendepunkt ____________________

____

____

8 Lest die letzten vier Zeilen der Geschichte und analysiert im Klassengespräch, inwieweit die Aussage, dass er in der Einsamkeit fast verrückt wurde, mit seinem eigentlichen Wunsch nach Stille zusammenpasst.

Sprecht auch darüber, ob es aktuelle Bezüge zwischen dieser Kurzgeschichte aus dem Jahr 1997 und der heutigen Realität gibt.

9 Vielleicht kennt ihr die Fernsehsendung „Verstehen Sie Spaß"? Der bekannte Bergsteiger Reinhold Messner wurde in einer Sendung hinters Licht geführt. Recherchiert das Video zu dem Streich im Internet und schaut es euch gemeinsam an. Sprecht anschließend darüber, welchen Zusammenhang ihr zwischen Film und Kurzgeschichte seht.

Reiner Jerosch

Lächeln im Regen (1964)

Regen fiel und die Luft war voller warmer Feuchtigkeit.
Lächeln müsstest du, sagte er zu sich, während er die Allee entlangging, lächeln, wie die Weisen im Orient es tun. Es ist nicht wert, dass du mehr tust als lächeln. Und er lächelte auch, ein gezwungenes Lächeln, aber er lächelte.
Vor zehn Minuten hatte er sie noch gesehen. Es hatte zu regnen begonnen.
„Wirklich nicht?“, fragte er. „Nein“, sagte sie.
Ihre Augen hatten keinen Ausdruck. Es war, als sähe sie ihn am anderen Ende der Straße, und als wäre er dort und nicht neben ihr.
„Du bist so merkwürdig“, sagte er. „Ich weiß nicht, was los ist.“
„Es ist gar nichts los“, entgegnete sie widerwillig.
Sie sah die Straße hinunter und ihre Augen waren stumpf und ohne Glanz.
An beiden Seiten der Straße standen Bäume, und der Regen fiel und die Blätter glänzten.
„Was ist nur mit dir los“, sagte er. „Du bist schon voriges Mal so komisch gewesen.“
„Ich weiß gar nicht, wovon du sprichst“, sagte sie.
Sie stand am Hauseingang an die Tür gelehnt.
Er stand zwei Stufen tiefer auf den nassen Fliesen vor dem Haus.
„Ich möchte jetzt wissen, was dich so verändert“, sagte er. „Ich möchte das endlich mal rauskriegen. Willst du mir nicht sagen, was los ist?“
„Nein“, sagte sie, „ich weiß nicht, wovon du redest.“
„Das weißt du sehr genau“, sagte er.
Sie antwortete nicht, und es entstand eine Pause. Es regnete, und sie blickte die Straße hinunter auf die Blätter, und es war ein geheimnisvolles Rauschen in der Luft.
„Ich verstehe dich nicht“, sagte er. „Bin ich dir zu langweilig geworden, oder was ist los?“
„Ich weiß nicht, was du immer hast!“ Sie war sehr ungeduldig.

„Ich habe überhaupt nichts“, sagte er, „aber du tust so, als wäre ich Luft und als langweilte ich dich.“

Sie sagte nichts und blickte an ihm vorbei. Der Asphalt auf der Straße spiegelte den Regenhimmel, und die Erde zwischen Kantstein und Fußgängerweg war weich und moorig.

„Und morgen?“, fragte er.

„Ich sage dir doch, ich kann nicht!“

Sie sah auf die Häuser, die hinter den Bäumen hervorblickten und in großen, grünen Gärten standen.

„Gut“, sagte er und fühlte sich elend. „Gut, dann also nicht. Ich gebe die Theaterkarten zurück.“

Sie rührte sich nicht und er fühlte sich scheußlich elend.

„Auf Wiedersehen!“, sagte er.

„Leb wohl“, entgegnete sie.

Dann klappte die Tür und er wusste, dass er jetzt fortgehen musste. Er drehte sich langsam um und ging die Straße hinunter. Du solltest es nicht so ernst nehmen, sagte er sich. Es lohnt sich nicht. Es lohnt sich wirklich nicht. Man müsste darüber lächeln können, wirklich nur lächeln. Und er lächelte das gezwungene Lächeln, und es regnete durch die Bäume vom grauen Himmel.

1 Erschließe die Kurzgeschichte, indem du die W-Fragen beantwortest.

a Wer ist die Hauptfigur, der Protagonist?

b Welche Situation erlebt er?

c Welchen Wunsch hat die Hauptfigur?

d Welches Problem stellt sich ihm?

e Wie endet die Geschichte?

2 Der Anfang der Kurzgeschichte deutet schon auf das Ende hin. Auch das ist wieder ein Stilmittel, das in manchen Geschichten bewusst eingesetzt wird. Erläutere, was der Autor damit bezwecken möchte.

Der Autor ______________________________

____

____

____

3 In den Zeilen 41 und 42 findest du ein anschauliches Stilmittel. Lies die Zeilen noch einmal. Notiere den Fachbegriff für dieses Stilmittel und beschreibe die Wirkung.

Fachbegriff: ______________________________

Wirkung: ______________________________

____

4 Der Regen spielt eine besondere Rolle in dieser Kurzgeschichte. Welche Gefühle verbindest du mit Regen? Könnte man die Verwendung des Regens in dieser Geschichte ebenfalls als Stilmittel bezeichnen?

Begründe deine Einschätzung.

____

____

____

____

5 Lies noch einmal die Zeilen 2 bis 4 und 51 bis 53. Dort geht es um das Lächeln. Lächeln kann spontaner Ausdruck von Freude sein, ein Lächeln wird aber auch als Maske getragen, um Unsicherheit zu überspielen oder die wahren Gefühle zu verbergen. Erkläre, welche Funktion das Lächeln in diesem kurzen Lebensabschnitt des Protagonisten übernimmt.

Er lächelt ____

____

____

____

6 Wir erfahren nichts über den Mann und die Frau, außer dass sie sich von ihm trennen möchte. Er will konkret wissen, was sie ihm vorwirft, aber sie will sich nicht mit ihm auseinandersetzen. Überlege, was die Gründe für diese Reaktion sein könnten.

Schreibe anschließend in dein Heft, was sie nach der Trennung dem Freund erzählt, der die beiden zusammengebracht hat. Finde eine Überschrift, die die Perspektive (den Blickwinkel) der Frau berücksichtigt.

7 Kennst du die Redensart: „Jemanden im Regen stehen lassen"? Sie bedeutet: jemanden im Stich lassen.

Diskutiere mit deinem Mitschüler / deiner Mitschülerin, inwieweit diese Redensart als Leitmotiv für die Kurzgeschichte angesehen werden kann. Lässt sie ihn im Stich?

8 Das Ende der Kurzgeschichte ist für den Mann sicherlich unbefriedigend und quälend. Er möchte wissen, warum sie sich von ihm abgewendet hat.

Schreibt die Geschichte ab Zeile 39 um. Bildet Schreibgruppen und tauscht am Ende eure Ergebnisse aus.

Marie Luise Kaschnitz

Das letzte Buch (1970)

Das Kind kam heute spät aus der Schule heim. Wir waren im Museum, sagte es. Wir haben das letzte Buch gesehen. Unwillkürlich blickte ich auf die lange Wand unseres Wohnzimmers, die früher einmal mehrere Regale voller Bücher verdeckt haben, die aber jetzt leer ist und weiß getüncht, damit das neue plastische Fernsehen darauf erscheinen kann. Ja und, sagte ich erschrocken, was war das für ein Buch? Eben ein Buch, sagte das Kind. Es hat einen Deckel und einen Rücken und Seiten, die man umblättern kann. Und was war darin gedruckt, fragte ich. Das kann ich doch nicht wissen, sagte das Kind. Wir durften es nicht anfassen. Es liegt unter Glas. Schade, sagte ich. Aber das Kind war schon weggesprungen, um an den Knöpfen des Fernsehapparates zu drehen. Die große weiße Wand fing sich an zu beleben, sie zeigte eine Herde von Elefanten, die im Dschungel eine Furt durchqueren. Der trübe Fluss schmatzte, die eingeborenen Treiber schrien. Das Kind hockte auf dem Teppich und sah die riesigen Tiere mit Entzücken an. Was kann da schon drinstehen, murmelte es, in so einem Buch.

1 Schreibe eine Zusammenfassung der Kurzgeschichte in dein Heft.

2 Was meinst du? Schrieb die Autorin die Geschichte vor über 50 Jahren aus Sorge vor dem Bedeutungsverlust des Mediums Buch in der Gesellschaft und als Mahnung? Nimm Stellung zu dieser Frage.

Ich denke, ______________________________

____

____

____

Der Tagesspiegel online berichtet von einer Studie über das Leseverhalten der Bürgerinnen und Bürger in Deutschland.

3 Lies den Auszug aus dem Artikel und schlage unbekannte Begriffe nach.

Krise im Buchmarkt: Studie: Das Buch passt nicht mehr zum Lebensrhythmus

Die Zahl der Buchkäufer sinkt weiter in Deutschland. Viele kommen einfach nicht mehr dazu, sagt der Börsenverein. Die Zahlen sind trotzdem nicht dramatisch.

In der deutschen Buchbranche leuchten die Warnlampen, es herrscht Krisenstimmung auf dem weltweit zweitgrößten Buchmarkt. Denn immer weniger Bundesbürger greifen noch zum Buch. Die alte Daumenregel, dass gut die Hälfte der Bevölkerung Buchkäufer sind, gilt nicht mehr: 2017 kauften nur noch 29,6 Millionen Bundesbürger mindestens ein Buch, das entspricht 44 Prozent der Privatpersonen ab 10 Jahren, wie der Börsenverein des Deutschen Buchhandels am Donnerstag in Frankfurt bekanntgab.

Zwischen 2013 und 2017 sank die Zahl der Käufer auf dem Publikumsbuchmarkt um 6,4 Millionen, das ist ein Rückgang um 17,8 Prozent. Wurden 2017 rund 367 Millionen Bücher verkauft, waren es 2013 noch 398 Millionen Exemplare. Nach der vom Börsenverein in Auftrag gegebenen Studie „Buchkäufer – quo vadis?" halten Hektik und Stress immer mehr Menschen davon ab, Bücher zu lesen. Das Buch passt nicht mehr so gut zum Lebensrhythmus. Die stärksten Rückgänge gibt es in den Altersgruppen von 20 bis 50 Jahre.

„Es wächst der soziale Druck, ständig reagieren und dranbleiben zu müssen, um nicht abgehängt zu werden", sagte der Hauptgeschäftsführer des Börsenvereins, Alexander Skipis, mit Blick auf die „digitale Multitasking-Gesellschaft". Das Lesen als Erlebnis werde nach wie vor hoch geschätzt. Doch angesichts von Google, Facebook und Co sagten immer mehr Menschen, sie kämen einfach nicht mehr dazu.

Bücher seien häufig auch aus dem öffentlichen Diskurs verschwunden, beklagte Skipis. „Der Austausch über Bücher fehlt, Menschen sind weniger involviert in Buchthemen und fühlen sich überfordert vom großen Titelangebot", so die Studie. Die Stellung von Büchern hätten zunehmend TV-Serien übernommen. Hier gebe es einen Diskurs, Empfehlungen, Hypes und „Binge-Watching", also das Schauen mehrerer Folgen einer Fernsehserie am Stück.

4 Beantworte diese Fragen zum Text des Tagesspiegels:

a Wie viel Prozent der Bundesbürgerinnen und Bundesbürger kauften 2017 mindestens ein Buch?

Es waren ______________________________

b Um wie viel Prozent sank die Zahl der Buchkäuferinnen und Buchkäufer zwischen 2013 und 2017?

Die Zahl sank um ______________________________

c Welche Erklärung findest du im Text zum Rückgang der Käuferzahlen?

Immer mehr Menschen ______________________________

____

____

____

5 Dieser Text ist kein literarischer Text, wie die Kurzgeschichten, sondern ein Sachtext. Worin unterscheiden sich diese beiden Textsorten? Notiere jeweils einen Satz.

Der Sachtext ______________________________

____

Der literarische ______________________________

____

6 Die Kurzgeschichte von Marie Luise Kaschnitz geht auf die Besonderheit des Buches in gebundener Papierform ein. Allerdings werden bereits etwa 10 % der verkauften Bücher als E-Books gehandelt. Stelle das Lesen im gebundenen Buch dem Lesen eines E-Books gegenüber und ergänze die Tabelle mit Vor- und Nachteilen in Stichworten.

	Vorteile	**Nachteile**
Gebundene Bücher		
E-Books		

7 Was meint ihr? Wird es gedruckte Bücher auch in Zukunft noch geben? Oder werden die digitalen Bücher (E-Books) sie verdrängen? Wird es weiterhin Bücher geben, egal in welcher Form, oder werden sich die Menschen lieber von anderen Medien unterhalten und informieren lassen?
Diskutiert diese Fragen in der Klassengemeinschaft.

O. Henry (eigentlich William Sidney Porter)

Quartier[1] gesucht (vermutlich Ende des 19. Jahrhunderts)

Auf seiner Parkbank im Madison Square wälzte sich Soapy unruhig hin und her. Wenn die Wildgänse nachts schreiend hoch in den Lüften flogen und Soapy auf seiner Bank unruhig herumrückte, wusste man, dass der Winter nahe war. Ein dürres Blatt fiel in Soapys Schoß: Das war die Visitenkarte, die der Frost abgab, er ist den regelmäßigen Bewohnern des Parks freundlich gesinnt und verständigt sie rechtzeitig von seinem Kommen. Nun war es wieder so weit.

Die Überwinterungsansprüche Soapys waren nicht hoch. Es war nicht von Kreuzfahrten im Mittelmeer, vom einschläfernden südlichen Himmel oder von Segelpartien im Golf von Neapel die Rede. Was seine Seele ersehnte, war ein dreimonatiger Aufenthalt auf Blackwells Island, der Gefängnisinsel; drei Monate, die ihm Kost, Bett und ebenbürtige Gesellschaft sicherten und wo ihm der Nordwind und die Polizisten nichts anhaben konnten.

Er verachtete die üblichen im Namen der Nächstenliebe getroffenen Fürsorgemaßnahmen. Nach seiner Ansicht war das Strafgesetz wohltätiger als die Wohlfahrt. Das Sicherste würde sein, in einer teuren Gaststätte zu speisen und sich dann für zahlungsunfähig zu erklären. Dann würde er rasch und ohne Aufsehen einem Polizisten übergeben werden.

So verließ Soapy seine Bank, schlenderte aus dem Park und kreuzte den flachen See aus Asphalt, wo der Broadway und die fünfte Avenue zusammenflossen. Er bog in den Broadway ein, blieb vor einem der prächtigen Cafés stehen. Er hatte vom untersten Knopf seines Jacketts aufwärts Vertrauen zu sich selbst. Er war rasiert, sein Rock war ordentlich, und er trug eine nette schwarze Krawatte, die ihm eine Missionsdame am Erntefesttag geschenkt hatte. Wenn er unverdächtig einen Tisch im Speisesaal erreichen könnte, wäre die Sache gemacht. Der Teil seiner Person, der oberhalb des Tisches zu sehen wäre, würde keinen Argwohn in den Kellnern erwecken. Eine gebratene Ente, dachte er, wäre

[1] Ein *Quartier* ist eine Unterkunft.

nicht schlecht; dazu eine Flasche Wein, Camembert, eine Tasse Mokka und eine Dollarzigarre …

Aber als Soapy seinen Fuß über die Schwelle der Gaststätte setzte, fiel das Auge des Portiers auf die ausgefransten Hosen und schiefgetretenen Schuhe. Kräftige Hände drehten ihn rasch herum, führten ihn in aller Stille auf den Bürgersteig zurück und bewahrten so die bedrohte Ente vor einem unwürdigen Schicksal.

An einer Ecke der sechsten Avenue wurde seine Aufmerksamkeit auf die in blendendem elektrischen Licht erstrahlende Auslage eines Geschäfts gelenkt. Er betrachtete einen Augenblick das noble Schaufenster, hob dann einen Stein auf und schleuderte ihn durch die Spiegelscheibe.

Leute kamen um die Ecke gelaufen, voran ein Polizist. Soapy stand ganz ruhig da, die Hände in den Hosentaschen und lächelte.

„Wo ist der Mann, der das getan hat?“, fragte der Beamte aufgeregt.

„Meinen Sie nicht, dass ich etwas damit zu tun haben könnte?“, fragte Soapy wie einer, dem das Glück lächelt.

Der Polizist wies den Gedanken weit von sich. Leute, die Fenster einschmeißen, bleiben nicht stehen, um sich in Unterhaltungen mit den Hütern des Gesetzes[2] einzulassen.

Auf der gegenüberliegenden Seite der Straße entdeckte er ein anspruchsloses Gasthaus. In dieses Lokal konnte er sich wagen,

[2] *Hüter des Gesetzes:* anderer Begriff für Polizist

ohne dass man ihn wegen seiner Hosen und Schuhe anhalten würde. Er setzte sich an einen Tisch und verzehrte ein Beefsteak, Pfannkuchen, Törtchen und Pasteten. Dann teilte er dem Kellner mit, dass er kein Geld habe. „Und nun los, holen Sie einen Wachmann“, sagte er, „lassen Sie einen Gentleman nicht warten!“ „Keinen Wachmann für dich!“, sagte der Kellner mit einer Stimme, zart wie Butterkeks, und mit einem Auge, das der Kirsche in einem Manhattan Cocktail glich.

„He, Con!“

Zwei Kellner warfen Soapy auf die Straße, dass er mit dem linken Ohr auf das harte Pflaster zu liegen kam. Er erhob sich, Glied für Glied, wie sich ein Zimmermannsmaßstab aufklappt, und klopfte den Staub aus seinen Kleidern. Ein Schutzmann, der vor einer Drogerie stand und die Szene beobachtet hatte, lachte und ging die Straße hinunter.

An der nächsten Ecke promenierten[3] Frauen in Pelzen und Männer in Mänteln fröhlich in der winterlichen Luft. Heftige Angst befiel Soapy, dass irgendein böser Zauber ihn gegen Festnahmen immun gemacht habe!

Dieser Gedanke erfüllte ihn mit Schrecken, und als er nun auf einen anderen Schutzmann stieß, der stolz vor einem hell erleuchteten Theatereingang auf und ab ging, dachte er – wie ein Ertrinkender nach einem Strohhalm greift –, er müsse es mit der Erregung öffentlichen Ärgernisses versuchen. Deshalb begann er auf dem Bürgersteig wie ein Betrunkener herumzutanzen und mit rauer Stimme zu johlen. Der Polizist wirbelte mit seinem Knüppel in der Luft herum, drehte Soapy den Rücken zu und bemerkte zu einem Passanten: „Das ist einer von den Studenten der Yale-Universität, die ihren Fußballsieg über die Hartforder feiern. Laut, aber harmlos. Wir haben den Auftrag, sie in Ruhe zu lassen.“

Betrübt stellte Soapy sein nutzloses Lärmen ein. Er knöpfte seinen dünnen Rock[4] zu, da der Wind ihn frösteln machte. In einem Tabakladen sah er, wie ein gut gekleideter Herr seine Zigarre an einem baumelnden Lämpchen anzündete. Er hatte beim Eintreten seinen seidenen Regenschirm an die Tür gelehnt.

[3] *prominieren:* spazieren gehen

[4] Als Rock bezeichnete man früher auch Anzugjacken oder Jackets.

Soapy trat ein, nahm den Schirm und ging damit davon. Der Mann mit der Zigarre lief ihm eilig nach. „Mein Schirm!", rief er grimmig.
„Oh, ist das Ihr Schirm?", spöttelte Soapy. „Warum rufen Sie denn keinen Schutzmann? Dort steht einer an der Ecke!"
Der Schirmbesitzer verlangsamte seine Schritte merklich und sagte: „Natürlich, es ist … nun, Sie wissen ja, wie solche Missverständnisse entstehen … ich … wenn es Ihr Schirm ist, werden Sie hoffentlich entschuldigen … ich habe ihn diesen Morgen in einer Gaststätte aufgeklaubt … wenn Sie ihn wiedererkennen … so hoffe ich, Sie werden …"
„Natürlich ist's der meinige", erklärte Soapy und setzte seinen Weg ostwärts fort. In einer durch Ausbesserungsarbeiten verlegten Straße warf er den Schirm wütend in eine Grube. Dann wandte er sich wieder dem Madison Square zu, wohin ihn eine Art von Heimweh zog, ein Gefühl, das im Menschen fortlebt, selbst wenn sein Heim nur eine Bank in einem Park ist …
An einer ungewöhnlich stillen Ecke blieb Soapy stehen.
Hier stand eine altmodische, weitläufig gebaute, giebelgekrönte Kirche. Durch ein violett schimmerndes Fenster sickerte sanftes Licht nach außen. An sein Ohr drang liebliche Musik, die ihn so ergriff, dass er ihr, an das eiserne Gitter gelehnt, gebannt lauschen musste. Der Mond war klar und leuchtend aufgegangen; Wagen und Fußgänger kamen vorüber; Sperlinge zwitscherten schläfrig in der Dachrinne. Vormals mochte der Platz ein Landfriedhof gewesen sein. Die Hymne, die der Organist spielte: Soapy hatte sie einst gut gekannt, in den Tagen, da sein Leben noch Dinge wie Mutter, Freunde, Rosen und ernstes Streben enthielt und da seine Gedanken rein waren und sein Hemdkragen auch.
Der Zauber, der von der alten Kirche ausging, bewirkte einen wunderbaren Wandel in Soapys Seele. Ein neuer, starker Vorsatz befahl ihm, gegen sein verzweifeltes Los anzukämpfen. Er wollte wieder einen Mann aus sich machen. Es war noch Zeit dazu; er war noch verhältnismäßig jung; er würde seine alten ungestümen Wünsche wieder aufleben lassen und deren Erfüllung ohne Wanken verfolgen. Gleich morgen wollte er sich in die Hauptge-

schäftsgegend von New York begeben, um Arbeit zu finden. Ein Pelzhändler hatte ihm vor längerer Zeit einen Posten als Fahrer angeboten; morgen wollte er den Mann aufsuchen und um diese Anstellung bitten, er wollte etwas darstellen auf der Welt; er wollte ... Soapy fühlte, wie eine Hand sich schwer auf seine Schulter legte. Er wandte sich schnell um und blickte in das breite Gesicht eines Polizisten.
„Was machen Sie da?“, fragte der Polizist.
„Nichts!“, antwortete Soapy.
„Dann kommen Sie mit!“
„Drei Monate auf die Gefängnisinsel!“, sagte am nächsten Morgen der Beamte des Polizeigerichts.

1 Notiere, wo die Hauptperson lebt.

Soapy lebt ______________________________

2 Er sucht sich eine neue Unterkunft, ein neues Quartier. Erkläre, weshalb.

Es ist ______________________________

____

____

____

3 Da Soapy kein Geld besitzt, möchte er die nächsten drei Monate im Gefängnis verbringen. Gib wieder, welche Straftaten er versucht zu begehen und welches Ergebnis er jeweils erzielt.

1. Versuch: ______________________________

____

Ergebnis: ______________________________

____

2. Versuch: ______________________________

____

Ergebnis: ______________________________

____

3. Versuch: ______________________________

____

Ergebnis: ______________________________

____

4. Versuch: ______________________________

____

Ergebnis: ______________________________

____

5. Versuch: ______________________________

____

Ergebnis: ______________________________

____

4 Erläutere das folgende Zitat aus der Kurzgeschichte: „Heftige Angst befiel Soapy, dass irgendein böser Zauber ihn gegen Festnahmen immun gemacht habe!" (Z. 74/75)

Soapy ______________________________

____

____

5 Soapy hört aus einer Kirche ein Lied, das ihn an sein früheres Leben erinnert. Er denkt an seine Mutter, an Freunde, schöne Dinge, an eine Zeit, als er noch strebsam war, weil er etwas im Leben erreichen wollte.

Erläutere, warum es sich bei dieser Textstelle um einen Wendepunkt in der Kurzgeschichte handelt.

____

____

____

____

6 Kennst du den Begriff „Ironie des Schicksals"? In Alltagssprache übersetzt könnte man auch sagen: „Dumm gelaufen."
Beschreibe in deinem Heft den Zusammenhang zwischen der Redewendung und dem Ende der Kurzgeschichte.

Der Autor dieser Kurzgeschichte hieß in Wirklichkeit William Sydney Porter. O. Henry war sein Künstlername. Er wurde 1862 in Greensboro (North-Carolina) geboren und starb 1910 in New York. Er arbeitete als Verkäufer, Cowboy und Bankangestellter. Als er der Veruntreuung (Unterschlagung von Geld) beschuldigt wurde, floh er in das mittelamerikanische Land Honduras. Er kam wegen einer Erkrankung seiner Ehefrau zurück und saß eine fünfjährige Haftstrafe ab. Nach seiner Entlassung arbeitete er als Journalist und Schriftsteller. In seinen Werken geht es oft um die Nöte und Ängste der kleinen Leute in den Großstädten.

7 Lies die Informationen über den Autor O. Henry.

a Stelle einen Zusammenhang zwischen dem Leben des Autors und dem Leben des Protagonisten in der Kurzgeschichte „Quartier gesucht“ her.

b Untersuche die Sprache der Kurzgeschichte vor dem Hintergrund der Informationen über den Autor.

8 Diese Geschichte ist sehr lang, würdest du sie trotzdem als Kurzgeschichte ansehen? Überprüfe die einzelnen Merkmale einer Kurzgeschichte auf der Seite 11. Schreibe in dein Heft.

Zum Ende

1 Zum Abschluss des Leseheftes sollst du dir noch einmal alle Kurzgeschichten vor Augen führen. Verschaffe dir einen Überblick, indem du das Leseheft von vorne nach hinten durchblätterst.

Welche Kurzgeschichte hat dir am besten gefallen? Begründe deine Meinung.

Der Text mit dem Titel: ______________________________

hat mir am besten gefallen, weil ______________________

____

____

____

____

2 Schreibe in deinem Heft einen Brief an den Autor oder die Autorin deiner Lieblingsgeschichte.

Du könntest schreiben, was dir an der Geschichte gefallen hat, und fragen, wie die Idee zur Geschichte entstanden ist. Stelle auch Fragen zu den Figuren und zur Handlung.

Wie stellt sich die Autorin, der Autor das weitere Leben der Hauptfigur vor und warum wurde die Erzählung nicht fortgeführt?
Am Ende tauscht ihr eure Briefe aus und beantwortet den Brief einer Mitschülerin oder eines Mitschülers. Versetzt euch in die Rolle der Autorin oder des Autors. Eurer Fantasie sind dabei keine Grenzen gesetzt. Beantwortet die Fragen aber mit Ernst und mit Sorgfalt, um das Werk der Künstlerin oder des Künstlers angemessen zu würdigen.

Kurzgeschichtenquiz

1 Teste dein literarisches Fachwissen:
Die Hauptfigur in einer Geschichte nennt man

_ _ _ _ _ _ _ _ _ _ _ oder

_ _ _ _ _ _ _ _ _ _ _ _ _.

Die Kurzgeschichte erzählt eine

_ _ _ _ _ _ _ _ _ _ _ _ _ _ _ _ Situation im

Alltagsleben.
Kennzeichnend für Kurzgeschichten ist der

_ _ _ _ _ _ _ _ _ _ _ _ Beginn und das

_ _ _ _ _ _ Ende.

Häufig gibt es einen _ _ _ _ _ _ _ _ _ _, der die

Leserin / den Leser überrascht.
Die Sprache einer Kurzgeschichte ist meist

_ _ _ _ _ _ _ _ und _ _ _ _ _.